花はほとけの身体である

生命への意味付け

立川武蔵

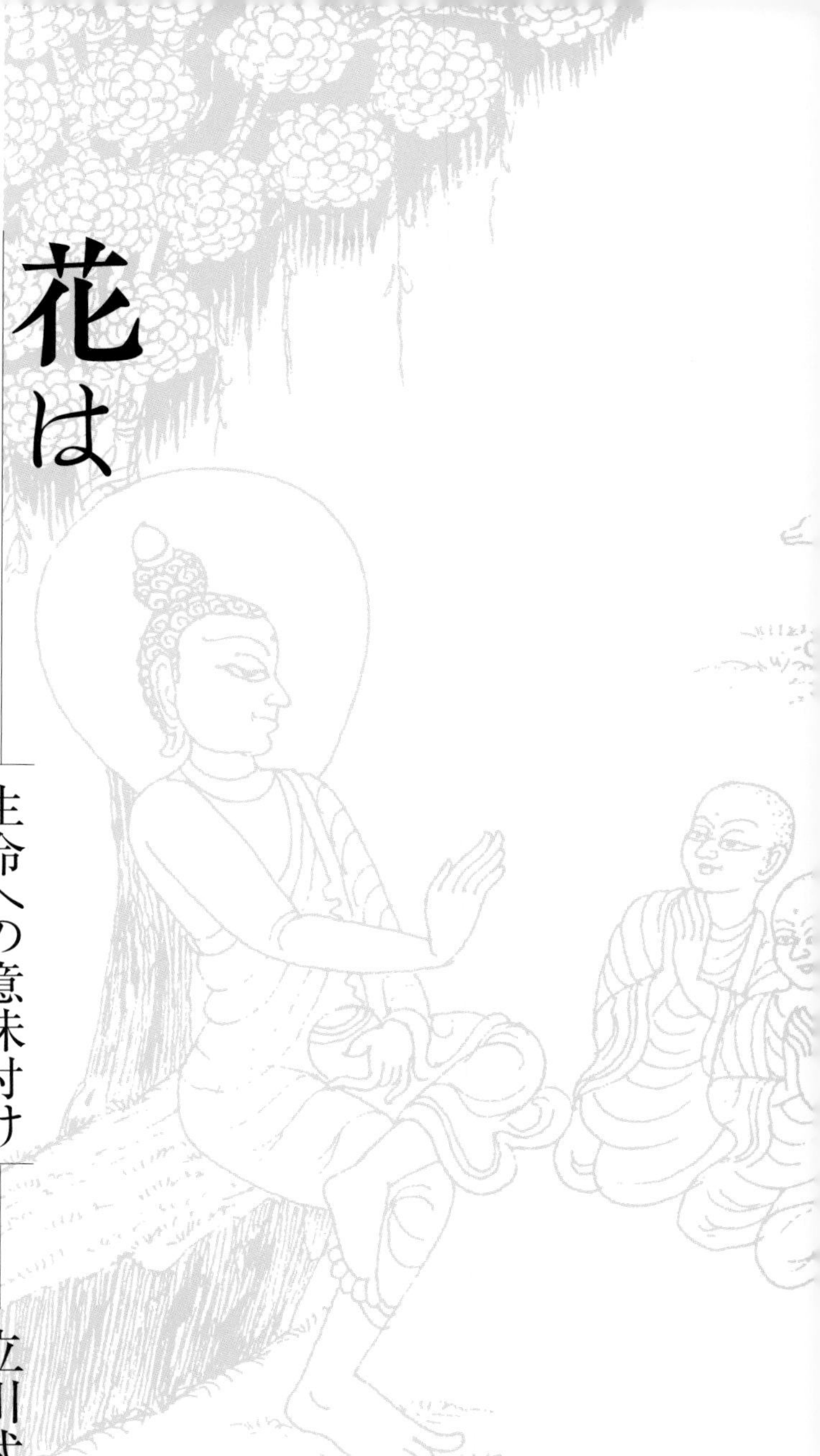

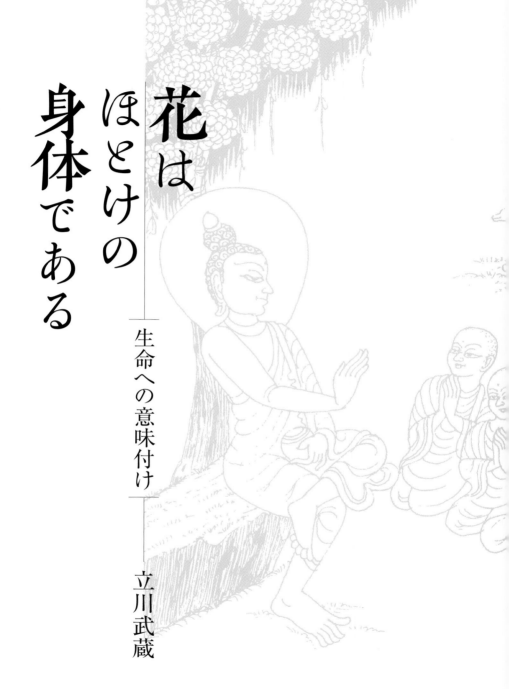

はじめに――花はほとけである――

　空海は、地・水・火・風・空・識という六つの要素でできたこの世界はマンダラであり、さらにマンダラ全体あるいはその部分は大日如来の身体である、という。ようするに、世界は大日であるというのだ。

ならば、世界の現象は大日のすがたであることになろう。桜の花を咲かせるのも大日のなせる業なのか。生あるものは死ぬ。これもまた大日のすがたなのか。

　仏教は創造神の存在を認めない。桜を咲かせる者の存在を考える必要がない、と仏教徒は答えるだろう。花が花を咲かせるのである、と誰かがいっていた。ならば、花を咲かせる、あるいは花が咲く、という場合の「咲く」という現象と大日というほとけとの間にはどのような関係があるのか。咲くことが大日そのものであり、両者の関係を考える必要はない、という答えが返ってくるかもしれない。その場合でも大日のイメージをどのように考えるべきかという問題は残るだろう。

　花が咲いたり萎んだりするのはまだ理解できるとしよう。では、現在、世界で行われている戦争も大日の行為なのか、と問うとき空海は何と答えるのか。もしも戦争とか地球環境とかの問題は大日信仰さらには密教と関係がない、というならば、どのような意味で「大日が世界である」のか。

花が仏像に捧げられているのをよく見かける。この頃、しきりと花と仏像、例えば、大日や地蔵の像とはどのような関係があるのかと気になる。仏像に花を捧げることにどのような意味が込められているのか。

或る者に花を捧げるという行為は、その者に敬意を表すことである。花を捧げることは友人の誕生日に花を持っていくというように、仏像に限ったことではない。花屋は誕生日やパーティのための花を栽培して販売している。人は花を買い、あるいは自分で育てた花を切ってプレゼントしたり、仏前に供えたりする。至極当然なことに思える。

花は、人間たちが鑑賞したりプレゼントしたりするために咲くわけではない。そのことは誰もが知っている。知っていて花という美しいと思われるものを切り取って自分たちのために用いているのである。

花が咲くという自然界の運動と大日というほとけとの間にどのような関係が考えられるのか。すでに述べたように、大日は世界のすがたを表している、あるいは世界そのものであるといわれる。ならば、花も大日の身体であり、花という大日の身体の一部が大日という如来に捧げられていることになろう。少なくとも理屈ではそうなる。この理屈を広げていくならば、一国が他国と戦争をしている場合、大日は大日と戦っていることになってしまう。大日というほとけのイメージや存在について改めて考える必要があろう。

花をほとけに捧げるという場面を再度考えてみよう。花は人間どもに切られてしまうことを望んでいないかもしれない。美しいものを大日如来というほとけに捧げることに問題はない、と人はいうだろう。ならば、信仰する神に山羊の生血を捧げることも理にかなったことであろう。実際、このようなことはインドなどでは毎日行われている。今、わたしはその伝統に異を唱えているのでもなければ、その是非を問うているわけでもない。

ネパールでは鶏の血を神に捧げてからその肉を食べる習慣が残っている。日本では毎日幾千あるいは幾万の鶏が工場で食肉に加工されている。神やほとけの入る余地はない。日本でも鶏を殺す場合には神への祈りが必要だと、主張しているのではない。重要なのは、われわれは多くのいのちの犠牲の上に生きていることを自覚することだ。

神などに何ものかを供えて敬うという行為は供養――プージャーと呼ばれてきた。供養以外の行為でも供物が捧げられる。例えば、古代インドのホーマでは天界の神たちに米粉を焼いた餅とバター油が捧げられたが、プージャーとは呼ばれなかった。祖先に対する儀礼も一般にはシュラーッダと呼ばれて供養と呼ばれる儀礼とは区別されている。

ともあれ、供養、ホーマ、シュラーッダなどの儀礼では何らかのものが尊崇の対象に捧げられる。それらの捧げものは崇拝する者たちにとって大小の差こそあれ、常に価値あるものなのだ。その価値が大きければ大きいほど崇拝の対象としての神からの見返りは大きいと人は信じている。

人は神に身代わりとしての犠牲を差し出しているが、花を差し出すという場合の犠牲の重みはわずかなものだ。山羊を差し出す場合は花を差し出す場合よりその重みは大きい。誰かを人身御供にするといったような段階では犠牲はさらに重みを増す。最終的には自分自身のいのちを捧げるという段階まで進むことになる。最終的な献身は自らのいのちを捧げるのであるという考え方は、実際にジャイナ教にもあった。『法華経』にも焼身供養が述べられている。

最終的な捧げものを捧げる場合には神と人間との間で「等価交換」が行われることになる。かつて、宗教学ではマルセル・モース（一八七二―一九五〇）の学説に見られるように、宗教の本質として「等価交換」（互酬的交換）という概念が用いられたことがあった。「等価」という考え方にわたしは疑問を持ってはいるが、「交換」という観点は宗教儀礼あるいは信仰の構造を考える際には有効なものであろう。

寺院に参って人々は願いごとをする。この場合にも一種の交換関係が見られる。カトマンドゥ盆地などで人々が神々に供物を捧げているのを見ていると、花や線香よりも山羊を捧げた方がより大きなご利益があると人々が期待しているように思われる。

ヨーガ行者は家族、財産、名声などを犠牲にして悟り、あるいは霊我プルシャの光を求める。世を捨ててもそれに勝る何ものかが得られると思うからこそヨーガの行に専念するのだ。ここにも交換関係が存在する。

念仏者はすべての計らいを捨てて念仏をする。阿弥陀による救いも捨てる。ただ念仏が現成するのである。ここではヨーガ行者の場合のように究極的な交換関係が成立している。自分のすべてを捨てて阿弥陀の呼び声に答えようとするからである。念仏者は自己のすべての欲望も行為も阿弥陀に捧げものとして差し出すのである。ここに阿弥陀との交わりがある。

何ものかを他のものに捧げるということは、常に自己の一部を無くす（犠牲にする、ディスオウン）ことである。自己否定を伴いつつ、聖なるものへと近づくことである。この自己犠牲は仏教においては空思想として伝えられてきた。空思想は、俗なるものが自己否定を通じて聖なるものへと近づくことを主張する。そのような自己否定は、空思想の本質であるとともに、それは「世界の浄化」でもあるのだ。

すでに述べたように空海は、花が大日如来の身体の一部であるという。ならば、人が花を刈り取って大日に捧げる場合、それは結局、花という大日が自らを自身に捧げていることになろう。大日が世界であるならば、世界は自らを捧げていることになる。では、大日は世界の中で戦争を起こして世界を「浄化している」というのだろうか。

われわれは「世界」という概念について今改めて考えねばならない。大日如来が世界あるいは宇宙のシンボルであるといえるかもしれない。しかし、それはかなり象徴度の高い話である。現在、行われている戦争もわれわれの世界の中で行われているのであり、大日の身体の内で行われているということわりから逸脱したものではない。密教は外国での戦争に関わらないというような理由によって密教における世界の領域から戦争や環境破壊の問題を無視するようなことがあってはならない。

だが、密教のマンダラ理論が今日行われている戦争や日々深刻さを増している環境破壊を止める具体的な手段となり得ないことを認めざるを得ない。だからといって、われわれは仏教のみならず宗教が今日の人間のあり方に対してまったく無力だということはない。またそうあってはならない。

大日の本質は『大日経』にいうように「大悲」である。「悲」とは他者の悲しみを取り除くことをいう。すなわち、大日は他者との関わりの中で働く者なのである。さらに重要なことは、大日はひとり「汝」を問題にしているのではなく、「複数の汝」つまり「私」ではなく「われわれ」に向かっていることである。それはとりもなおさず、「私」一人が大日に向かうのではなくて「われわれ」が大日に向かうことを意味している。

二〇二三年 秋

立川 武蔵
（八事山仏教文化研究所長）

目次

1　生命体としての自然

今年初めて咲いた梅。しかし、見れば見るほど不思議な形だ。

地球が誕生してから　何十億年が経ったという
生物が存在しなかった時代もあるが
地球上で　何億年以上の間　生物は生きてきた
ヒトが生まれたのは何十万年も前のことらしい

地球は太陽系のひとかけらに過ぎない
太陽系も銀河系の部分であることが分かっている
ともあれ　銀河系を含むいわゆる宇宙は
変化しているという意味での運動体なのだ

宇宙はなぜ運動するのか　地球はどこに行くのか
そのようなことは誰にも分からない
分かっていることは
やがて地球も消滅するということだ

人間　犬　猫たち　さらに樹木も地球上に生きている
何のために生物が生きているのかは分からない

この桃は去年の花。今年の夏、この桃は枯木となっている。

そもそも 何のためにという問いを投げかけることが
的を射た問いなのか否かもはっきりしない

幸せになるために人は生きる　と多くの人がいう
生きることに目的などない　という人もいる
これらの答えはすべて正しいと思う　人生の目的は
人によって異なり　人がそれぞれ設定するのだから

目的という概念は人が作ったものだ
目的という考え方は工学的である
工学テクノロジーでは目的が設定されるからだ
工学は技術であり　自然科学とは異なる

だが　自然自体に目的はまったくないのだろうか
自然や銀河系にわれわれが理解できるような目的は
ないかもしれない　しかし　それは
われわれに理解できないだけかもしれないのだ

レンギョウ。春を告げる黄色の花。
この花の色を絵具で出すのは難しい。

わたしは今生きており　自分の身体を見ることができる
だが　われわれがどのような人生の目的を掲げようと
その目的あるいは願いを断ち切るようにして
生命体としてのわたしの身体には終わりがくる

終わりが来るということは　しかし
それまでは生きることができるということなのだ
ヒトという生命体は事故や急病に出会わなければ
何十年を生きるようにプログラミングされている

他の生命体　例えば　犬の身体は十数年を生き
猫もまた同じような期間を生きることができる
樹木の命の長さは　まったくまちまちだ
一年で終わる樹もあれば　千年を生きるものもある

植物の多くが光合成によってその生命を維持する
光合成が行われなくなったとき　その植物は死ぬ

ピラカンサ。古代魚を思わせる名だが、ギリシャ語の炎（ピラ）棘（アカンタ）に由来する。間違いではないかと思うほど実を付けるが、始めは毒があり、鳥も食べない。後で無毒となり、鳥も食べる。誰が考えたのか。

しかし　だからといって　光合成は
生命の維持を目的としている　とはいえない

今日の医療は　この生命体が有する仕組みを
経験によって知って治療する
身体の部位が生きることを目的にしているか否かは
医療にとって直接の問題とはならない

地球上の生命体は　その誕生以来　それぞれに
定められたプログラミングによって生き続ける
ある人は　そのプログラミングは神のなせる業だという
しかし　そのような立場にはわたしは立っていない

人為を超えた　かのプログラミングがあり
そのプログラミングに基づいた目的との間に
ある種の関係が存在するのかもしれない　だが
その関係を人は永遠に知ることはないだろう

2　生命体に対する意味付け
―意味の外化―

竹よ。お前たちは人間たちよりもはるかに古くから生きている。
緑がいつもすがすがしい。興正寺。

自然は生きており　統一性のある運動体であり
人間がその運動体の一部であることはたしかだ
生物学的生命体としてのわれわれ人間の営みの多くが
かの自然の運動の一部であるといえるだろう

だが　人間たちはその自然の運動に対して
常に従順であったわけではない
自然に対抗する態度を採らなければ
生きていけないこともあったからだ
ある種の生命体を根絶せざるを得ないこともあった

自然への順応あるいは対抗を続ける中で
人間たちは自然の　あるいは世界のもろもろのものに
意味を付していった　その意味とは
それぞれの地域の言語と結びついたものであった

人間たちは言語を習得し　言語を用いて
もろもろのことに意味を付して　歴史を作ってきた

この石のほとけは、しばしばよだれを垂らすそうだ。興正寺。

そのような意味付けの歴史は
宇宙という実在の運動の　ほんのひとかけらにすぎない

仏教徒の或る者たちは　世界が認識の産物だと考えた
しかし　外界は実在する　ただし
人間はその外界の実体を知ることはできないのだ
人間たちは感官によって外界を理解し
それに意味を与えてきた

このような人間の意味付けは　やがて　文化を生んだ
さまざまな意味付けの伝統が生まれ　歴史が生まれた
しばしば　その意味付けの違いは戦争にまで発展した
そして　宗教もまたそのような意味付けの産物なのだ

仏教の開祖　釈迦は歴史上の人物である　だが
後世では　釈迦に対する意味付けおよびイメージは
宗派　地域　時代などによってさまざまに変化した
このようにして仏教に多数の分派が生まれたのだ

秋のススキ。これもへんな造形である。誰が考えたのか。

出家し　修行して　悟りを開き　半生を説法に費やし
涅槃に入った釈迦を　人々は異なった角度から考えた
阿弥陀仏は浄土教ヴァージョンであり　大日如来は
密教のそれである　といったように解釈されていった

菩薩　ボーディサットヴァ　とは
悟り（ボーディ）への勇気（サットヴァ）を持つ者
と解釈されている
観音　文殊など夥しい数の菩薩が生み出されてきた
これも意味付けの歴史の一環なのだ

一つの文化の伝統のなかで付与された意味は　成長し
やがて　意味を与えた人間たちに回帰し　巨大化し
実在する権力者のように人間に行為を促すことになった

これを意味の外化と呼ぶことにしよう
宇宙の　あるいは世界のいのちがほとけであるといわれる
しかし　この考え方にはいくつかの問題がある

モミジは自らの紅葉で身を焼き、枯れるのだ。写真左の塔は宝篋印塔と呼ばれる（八四頁参照）。興正寺。

まず　宇宙のいのちとは何であるのかが不明だ
さらに　この場合のほとけの意味も不明瞭なのだ

人間が生物学的生命体であることに疑いはない
宗教と呼ばれている人間のいとなみにおいて
いわゆる自然のいのちがベースにあることも確かだ
だが　自然のいのちが何かは　われわれも分かっていない

自然のいのちが　人知を超えたものだからこそ
聖なるものであり　それゆえ人は崇めるのである
と多くの人がいう　だが
そのような考えは　時として人々を誤らせる
第二次世界大戦の時のように

自然のいのちが　どのような意味で聖なるものであり
どのような側面を　仏教がほとけと結びつけてきたのか
仏教が自然に対して　どのような意味を与えてきたのか
われわれは　今　冷静に考える必要がある

3 マンダラ ―聖化された世界―

写真中央の白い円がマンダラ。
この後、ここにほとけが呼ばれ、花やミルクが供えられる。
ネワール大乗仏教の儀礼。カトマンドゥ。

インド仏教千七百年の歴史は
紀元前六世紀頃から紀元一世紀頃までの初期仏教
七世紀中葉頃までの中期仏教
一三世紀頃までの後期仏教　の三期に分けられる

初期仏教のかたちは
今日の東南アジアの上座仏教に近い
かつては　この仏教は小乗仏教と呼ばれた
中期以降では　大乗仏教がインド　ネパール
西蔵　日本　さらには東南アジア諸国に流布した

インドでは五、六世紀頃に密教が生まれ
七世紀の大日経において確立した
密教　すなわちタントリズムは
ヒンドゥー教やジャイナ教にも見られる

ここでは　仏教の密教のみを取り上げることにしたい

法界マンダラの部分（中央と西）。
ネワール大乗仏教、カトマンドゥ。

この新しいかたちの仏教では　儀礼が重視されるが
通常　その儀礼にあってはマンダラが用いられる
マンダラとは　ほとけたちと彼らの住む館を描いた図だ

初期のマンダラは　五世紀頃には存在したと推測される
それは携帯用祭壇と呼ぶべきものであって
ほとけたちへの供養に用いられたのであろう
後世のマンダラは　世界の構造モデルともなった

マンダラ成立には三つの条件が考えられる
第一は　仏教が儀礼を積極的に取り入れ始めたこと
第二は　大乗仏教成立後　仏教パンテオンが確立したこと
第三には　世界の構造への関心が高まったことである

密教儀礼においては　ヨーガが重要な役を果たす
というのは　行者たちはヨーガの力によって眼の前に
ほとけたちを生み　さらに　そのほとけたちが住む
器としての世界も生み出すからだ

行者はまず　ほとけたちのすがたかたちを生み出し
そのほとけたちを自分の身体の各部分に布置する
行者は　ほとけたちでできた鎧を纏うのである　その後
行者は　ほとけたちが住むマンダラを眼前に生み出す

通常　密教儀礼においては　きらびやかな祭壇や
地面に色粉で描かれたマンダラが用意される
一方　行者の心には　研ぎ澄まされた精神によって
マンダラ世界が生み出されるのだ

マンダラには　ほとけたちの住む館があり
その中で　ほとけたちが幾何学的な正確さで並ぶ
密教行者たちが　心の中でありありと見た世界を
絵図に描いたものがマンダラだ

光でできたヴァーチャルな世界が
眼の前に息づいている
その光の世界の中に　行者は入り

〈右〉後期密教の秘密集会（グフヤサマージャ）の砂マンダラ。
雍和宮（ようわきゅう）、北京。
〈左〉インド密教最終期の時輪タントラに基づいた時輪立体マンダラ。雍和宮、北京。

マンダラの中心に坐った行者は　自身の心の中に
周囲のほとけたちを収め採り　世界と一つになる

しかし　そのように　世界と一体になったとしても
どれほどのことがあろう　とわたしは思う
行者の意識がどのようなことになるのかよりも
重要なことは　行者が現実の世界に何をなすか　なのだ

マンダラは単に観想のための装置ではない
マンダラはわれわれに行為を促している
マンダラに登場するほとけたちは
さまざまな実践のプロセスを示しているのである

だが　実践の前にわれわれは知らねばならない
マンダラにはどのようなほとけたちが登場するのか
ほとけたちの住む世界とはどのようなものか
そして　どのような行為を促しているのかを

4　仏教のほとけたち（パンテオン）

真言宗は九世紀の初め　空海によって建てられた
彼は　唐より胎蔵および金剛界マンダラを将来した
これらの二種のマンダラは　マンダラ千数百年の
伝統の中では初期に属するものであった

胎蔵マンダラは七世紀の大日経に基づき
金剛界マンダラは八世紀頃の金剛頂経に基づいている
金剛頂経は　大日経の直接的発展ではない
金剛頂経は大日経に批判的でさえあるのだ

二つのマンダラはそれぞれの伝統に基づいて
ほとけたちの組織を描いている
唐において　この二つの伝統は統一された
この二伝統の統一が
日本のマンダラの伝統に豊かさを与えてきた

九世紀初頭　唐に渡った空海は　師恵果《けいか》より
かの二つのマンダラの伝統の統一を学び

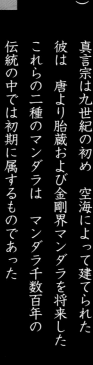

〈右〉四面二臂の金剛界大日如来。ボードナートのチベット仏教サキャ派寺院、カトマンドゥ。印は定印である。
〈左〉弥勒仏ブロンズ像。龍華樹の花を持つ。雍和宮、北京。

それらのマンダラと教理を持ち帰って以来
日本のマンダラは　この二つが基本となっている

空海の請来したマンダラ図は現存しないが
その正確なコピーが残されてきた
日本ではマンダラ図を継承するとともに
密教のほとけたちの彫像や絵図も作られてきたのだ

本書では　真言宗八事山興正寺を取り上げてみたい
この寺は一六八八年　天瑞圓照が建立した
創立以来　律寺であったが　明治維新の時に
真言宗高野山派に属することになった

このような歴史的事情もあって　この寺では
今日でも　毎朝の勤行は阿弥陀仏の前で行われており
阿弥陀経などが詠まれている
もっとも　この寺の公式な本尊は大日如来である

胎蔵マンダラ。
サンスクリットでは「ガルバ・ウドバヴァ・マンダラ」(子宮(胎)より生まれたマンダラ)という。
「胎」は大悲の意味と解釈されている。元禄時代、興正寺所蔵。

胎蔵マンダラと金剛界マンダラの伝統にあっては
阿弥陀仏は　大日如来の西側に坐るほとけである
しかし　密教に組み入れられた阿弥陀の職能は
浄土信仰におけるそれとは異なっている

このように　興正寺では二人の如来　つまり
浄土信仰の伝統を引く阿弥陀と　密教の大日如来とが
信仰されている
このことは興正寺の活動を
豊かなものとしているのである

仏教のほとけたちは一般に次の五つに分類される
(一)仏　釈迦　阿弥陀如来　大日如来など
(二)菩薩　観音菩薩　地蔵菩薩　普賢菩薩など
(三)女神　随求明妃　弁財天など
(四)忿怒尊　不動など
(五)群小神(諸天)　日　月など

金剛界マンダラ。
９つのセクションに分かれているため九重（くえ）マンダラと呼ばれる。
上段中央の大日如来は金剛界大日の特徴である覚勝印（智拳印）を結ぶ（48 頁参照）。
元禄時代、興正寺所蔵。

5 釈迦（ゴータマ・ブッダ）

釈迦図。
興正寺所蔵。
ブッダは花を眺めたとき、
花の命をどのように考えた
のだろうか。

マーヤー妃の夢の中、白象が胎に入る。以下六点の白描はガウタム・バジュラーチャーリヤ画。

無憂樹の下での太子誕生。

仏教の開祖釈迦　ゴータマ・ブッダの生年は不明だ
南方の仏教が伝える生年と
北方仏教の伝統が伝える生年には　百年のずれがあるが
現在は　紀元四六三年生まれという説が有力である

釈迦は　出家し　数年の修行を経て　悟りを得た
その後　生涯の後半　つまり　約四五年の間
ガンジス河中流域を歩いて説法したといわれる
八〇才の時　クシナガラの地で涅槃に入った

釈迦と弟子たちは
雨期の三か月間は一か所に留まった
遊行することはできないからだ
この慣習は　日本において安居《あんご》と呼ばれてきた
安居の際の宿舎のひとつとして　祇園精舎が有名だ

釈迦坐像。興正寺。

太子、髪を切る。

菩提樹の下で悟る。

また仏教教団では月二回　新月と満月の日
僧たちは反省と懺悔のために集まった
これを布薩《ふさつ》　ウポーサタ　というが
この伝統は日本にも残っている

興正寺では五月から七月までの三か月間　毎朝
安居と布薩を合わせて釈迦の絵図（二六頁）の前で
大乗戒を説く梵網経《ぼんもうきょう》が詠まれる
この経典の説く菩薩戒は
在家出家の区別なく受けられるものだ

興正寺の五重塔の前には　釈迦ブロンズ坐像がある
これは二〇一六年に造られたものだ
その因相は　先に述べた釈迦の絵図と同様に
左右の掌を上下に合わせた禅定の印である

はじめての説法（初転法輪）。

八〇歳の時、涅槃に入る。

釈迦のすがたはその後　さまざまに変化した
釈迦は　時代とともに神格化されていったのだ
釈迦のイメージの変遷が仏教史であるともいえよう
釈迦という歴史的存在が　仏教の根本なのである

釈迦は法　ダルマ　を説いた
このダルマが後世　一種の身体を有すると考えられ
法身《ほっしん》仏と呼ばれた
歴史におけるその法の具現としての釈迦の身体は
化身《けしん》　ニルマーナ・カーヤと呼ばれた

釈迦の死後しばらくして　人々は考えた
釈迦の肉体は滅んだが
彼は世界のどこかですがたを現し
説法しているに違いない　と
この肉体のない釈迦の身体を報身《ほうじん》と呼ぶ

胎蔵マンダラの中の阿弥陀仏（佐和隆研編『御室版両部曼荼羅』法蔵館、一九七二年）。

報身仏の代表は　阿弥陀仏である
大日も報身仏であるが　しばしば法身仏と呼ばれる
すがたかたちのない法身仏が
大日という身体のある存在となったと考えられたのだ

法身仏　化身仏　報身仏という三人のブッダが
大乗仏教という建物を支えている　つまり
大乗仏教は　三本柱によって建つ家なのである
ちなみに　初期仏教には三身という考え方はない

阿弥陀立像。永国寺、名古屋。

6 阿弥陀仏

阿弥陀仏は　梵語ではアミターバ（無量光）とも
アミターユス（無量寿）ともいう　それぞれ
量ることのできないほど　多くの光を有する者
量ることのできないほど　長い寿を有する者のことだ

阿弥陀という漢字の名前が　どのように作られたのかは
今日まだ不明である
無量という意味の梵語アミタが　そのまま音写されて
阿弥陀となったわけではなさそうなのだ

南無阿弥陀仏の梵語が何であったかも不明だ
カトマンドゥではナモーミターバーヤ　すなわち
無量の光を有する者に帰命　ともいわれているが
この表現が南無阿弥陀仏の梵語であったとは思えない

法蔵菩薩が　世　主　王《ローケーシュヴァラ ラージャ》　仏の許で願を建て
五劫の間修行をして　阿弥陀仏となったという

〈右〉寺院入り口に描かれた金剛界マンダラの五仏
（向かって左から宝生、阿閦、大日、阿弥陀、不空）。
カトマンドゥ。
〈左〉後期密教では阿弥陀は多臂を有することもある。
ピンディークラマ・マンダラにおける阿弥陀仏（上段）。
『完成せるヨーガの環』第二章。ガウタム・バジュラーチャーリヤ画。

釈迦の修行物語の浄土教ヴァージョンと解釈できよう
このほとけは　今も極楽浄土において説法しているという

この世界から十万億の仏国を超えた極楽浄土において
阿弥陀仏は法を説いているといわれる　だが
人が　そこに生まれるためには　死なねばならない
阿弥陀の国土は　死者の国といえるだろう

阿弥陀の本質である光は　全世界を照らしている
だが　このほとけは　世界のすがたを採ることはない
人が死なねばならぬことを人々に覚らせながら
阿弥陀仏は　人々の魂を浄土へと導くのである

石を空中に投げたとき
その石の運動の軌跡は放物線を描く
地上から離れていく石には
遠心的な方向量　ヴェクトル　が見られるが　その後
地上に向かう求心的なヴェクトルが生まれる

インド、ネパール、チベットにおいては日本におけるような阿弥陀信仰あるいは浄土信仰はない。

そもそも中央インドにおいては阿弥陀信仰はほとんどなかったといえるだろう。

後世、阿弥陀仏は密教のほとけたちの中に組み入れられたので、密教的な阿弥陀仏は文献にしばしば現れる。

しかし、密教が勢力を有するようになるグプタ朝崩壊（六世紀）までのインドにおいて阿弥陀像は皆無に近いのである。

浄土三部経は中央インドにおいてではなく、西北インドに、あるいはその辺境で成立した。

浄土信仰は五世紀の曇鸞、六―七世紀の道綽、七世紀の善導などによって中国において確立するが、日本の浄土教は中国浄土教の伝統を受け継いでいる。

地上から離れていく石の持つ力が　阿弥陀仏であり
地上に向かう求心的なヴェクトルが　大日に譬えられる
空中の石が方向を変える点において
何らかの変化が見られる
この点は空性に譬えることができよう

唐突に聞こえるかもしれぬが　ここで実験をしてみよう
咲いた桜と阿弥陀のすがたを重ねてみよう
ここで　阿弥陀と咲く桜はどのような関係にあるのか
という奇妙な問いに　あえて向き合うことにしよう

阿弥陀が桜を咲かせるわけではなかろう　だが
桜や梅の咲くことと阿弥陀はまったく無関係なのか
阿弥陀という尊格に対して与えられてきた意味は
自然に対して与えられた意味体系と接点はないのか

われわれは　しばしば阿弥陀などに対して花を捧げる
だが　元来　花は人間にとって無関係な存在なのだ

阿弥陀仏坐像。永国寺、名古屋。

人間が美しいと思うものを刈り取って　阿弥陀という
実に遠い存在に　何のために手向けるのか

阿弥陀が喜ぶからだ　とある人々はいう
だが　阿弥陀が喜ぶ　などとどうして分かるのか
他の生命を犠牲にした人間の自己満足にすぎない
といえば　その人たちはどう答えるのであろうか

阿弥陀に花を捧げるという行為は
人が歴史の中で培ってきた意味に基づいているが
この行為には
阿弥陀が聖なる尊格であるという側面と　さらに
その聖なるものに供物を捧げるという二側面が存する

すでに述べたように　阿弥陀という尊格の形成には
この二千年の時が費やされてきた
尊格に対して供物を捧げて敬うという行為　供養にも
二千年以上の歴史がある

興正寺 東山本堂。
ここからこの寺は始まった。
創建当時の部分が残っている。

仏教二千五百年の歴史の中で
仏教徒たちはそれぞれの分派の立場から
ほとけたちに関する意味体系を形成してきた
それと並行して
供養などの儀礼に関する意味体系も継承してきたのだ

阿弥陀が光明として世界を照らすならば
戦争をしている人々をどのように照らしているのか
阿弥陀の光がそのままで　つまり人間の努力なしで
戦争を終わらせることができるとは思えない

阿弥陀というほとけは個人の死にかかわるのであり
社会や戦争には無関係であるというならば
日本は第二次世界大戦の時代に苦い経験をしている
それを繰り返してはならないであろう

われわれには行為が必要だ　行為をすることが
念仏なのであって　名を称えるのみでは不充分だ

阿弥陀仏は梵語ではアミタ・アーバという。これは「量ることのできない光（アーバー）を有する者」という意味である。この語は所有複合語であるために「アミタ・アーバー」とはならない。しかし、阿弥陀は光そのものであるともいわれる。光を有する者であり、光そのものでもあるのだ。ここに阿弥陀の秘密がある。

今や　阿弥陀は政治的な力を発揮することはない
自然環境を改善する力を見せているわけでもない
阿弥陀は　すべての人に死の問題を突きつけている
死という生の超越において　阿弥陀は人を迎えるのだ
そして　死そのものに対して　人は無力だ
だが　死の瞬間まで人は行為をせねばならない

東山本堂の阿弥陀坐像。
開山の天瑞和尚は、この阿弥陀像の前で修行したと伝えられる。

7 大日如来

7
大日如来

胎蔵マンダラの大日如来。
花もまた大日の身体である。
興正寺大日堂。

興正寺大日堂の大日大仏の化仏は現在、二仏を残すのみである。大仏正面の化仏は宝幢如来である。この如来は胎蔵マンダラ図では東方（上）に位置する。大仏に向かって左の化仏は天鼓雷音であるが、胎蔵マンダラ図では北方（左）の仏である。四六頁参照。

先ほど　石を空中に投げたときの軌跡について語った
地上から空中に向かう石には　遠心的力が働いている
その後　地上に向かう石には　求心的な力が存するが
この求心的な力を具現するほとけが　大日である

それぞれの仏は自身の国土を有するが
阿弥陀仏は極楽浄土に住み
大日は蓮華蔵世界に住む　という
しかし　仏教では一般に
それぞれの仏国土に住むほとけは一人と決まっている

この娑婆世界のほとけは釈迦牟尼だ　ならば
娑婆世界に釈迦と大日の二仏が住むことになってしまう
しかし　蓮華蔵世界は昇華された娑婆世界であると
考えることによって　この矛盾は回避された

阿弥陀仏は　娑婆世界を離れることによって
輪廻に迷う人々を浄土へと導くことはすでに述べた

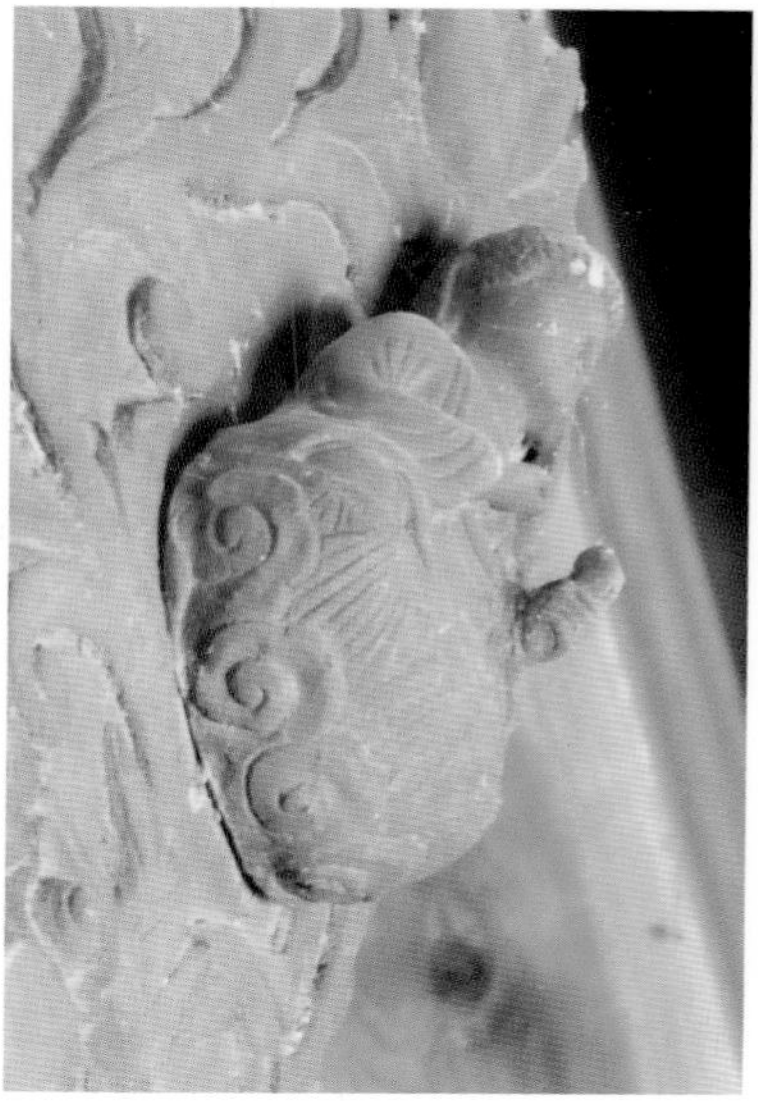

大日正面の宝幢如来の化仏。

大日左側面の天鼓雷音。

一方　大日はこの世界に留まって
世界を内部から浄化するほとけである

大日とは梵語の単語ヴァイローチャナ vairocana の
訳である　この語は動詞 vi-ruc の派生語であり
さまざまな方向に輝く者を意味する
もともと大日は　太陽の神格化なのだ

東大寺の大仏は　毘盧遮那《びるしゃな》と呼ばれる
このほとけの名もヴァイローチャナであるが
このほとけは　大乗仏教経典『華厳経』の教主であり
後世の密教に登場する大日とは別のほとけなのだ

胎蔵マンダラの大日

空海は胎蔵・金剛界の二マンダラを将来できた　彼は
この二マンダラが統一された時代に居合わせたのだ
四〇頁の写真は　興正寺の大日堂に安置されている
胎蔵マンダラの大日如来を示している

興正寺大日像試しとその背面。

この像は一六九七年　開山天瑞和尚が完成させた
阿弥陀と同じ印相であり　坐法も同じである
胎蔵マンダラの大日と阿弥陀との図像的区別は
この場合　冠のある　なし　にかかっている

現在　この像の冠には二つの小さな仏像が見られる
このような頭上の小さな像を化仏という
この大日像の完成時には
胎蔵マンダラの中心の五仏の化仏があった
寺に保存されているこの像の試しから
そのことが分かる

胎蔵マンダラの大日の四方には　西・下に阿弥陀
北・向かって左に天鼓雷音《てんくらいおん》　東・上に宝幢《ほうどう》
南・右に開敷華王《かいふけおう》が坐る　これらの四仏の印は
胎蔵マンダラ図から見ることができる

興正寺大日像試しの化仏

マンダラ図では一般に阿弥陀は前面（下）に位置するが、この大日の化仏では、阿弥陀が後ろ（背面）に見られる。天瑞和尚の意図であろう。

阿弥陀仏（後）

天鼓雷音

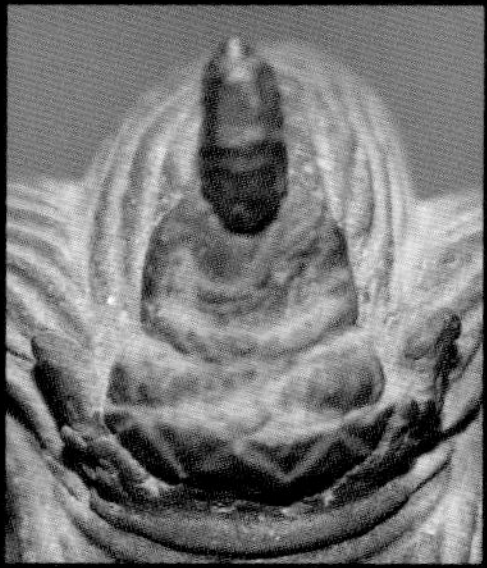

大日（中央）

開敷華王

宝幢（前）

胎蔵マンダラの中心部（中台八葉院）。

四方に四仏、四維に四菩薩。向かって下が西、左が北、上が東、右が南である。

四仏とは西（図では下）の阿弥陀、北（図では向かって左）の天鼓雷音、東（図では上）の宝幢および南（図では右）開敷華王である。

北西に観音、北東に弥勒、南東に普賢、南西に文殊菩薩が坐る。

興正寺所蔵。

胎蔵大日如来。定印を結ぶ。46 頁中央部の拡大図。
興正寺所蔵。

金剛界マンダラの大日。覚勝印を結ぶ。
出家僧の姿ではなく、きらびやかな装飾をつけた菩薩形で表される。興正寺所蔵。マンダラ全体図は二五頁参照。

大日像の試しから判断するに
かつては大日像の頭頂に
禅定印を結んだ小さな大日像があったと思われる
興正寺大日堂の大日像の冠の前面には
右手の掌を上に向けて胸の前に置き
左手は衣の端を握る宝幢の化仏が見られる

向かって左には衣を握らない天鼓雷音の化仏が残る
マンダラ図では阿弥陀は下（西）に位置し
上（東）に宝幢が見られるが
興正寺における南面する大日像の冠の場合には
東西が逆になっている

これは天瑞和尚にあっては
南面する大仏の化仏としての阿弥陀仏を
西に向かせておきたかったためと思われる

覚勝印を結ぶ金剛界大日坐像。
宝冠に化仏は見られない。
金剛（ヴァジュラ）とは元来はヴェーダ神話の英雄インドラの武器としての雷のことであった。
後世、仏教にあってはダイヤモンド、真理、男性原理を意味するようになった。興正寺西門入口。

金剛界の大日

金剛界マンダラの大日の印は左手で拳を握りながら
人差し指を立てその人差し指を右手で握るという印だ
左右が逆になることもある
この印は　日本では智拳印《ちけんいん》と呼ばれている

梵語では覚勝印《かくしょういん》——勝れた悟りの印という
金剛界マンダラはインドにおける八世紀以降の
マンダラの基本となった一方　インドやネパールでは
胎蔵マンダラは勢力を失っていった

一二世紀頃のマンダラ集『完成せるヨーガの環』一九章
に覚勝印の変形が述べられている
右手に人差し指および金剛を握るという印である
右の拳からは金剛の部分が出ていることになる

大日如来版画。天瑞和尚画。興正寺所蔵。

右版画拡大図。右手は滴因、左手には宝珠？。大日一般の特徴ではない。

ラオスのヴィエンチャンにあるタートルアン寺院には
金剛を握りながら覚勝印を結ぶ大日像が残る
これはアンコール・ワットを造った仏教徒王
ジャヤヴァルマン七世の命によるものであろう

また　同じくジャヤヴァルマン七世が
今日のシェムリアップの近くに建立した
仏教寺院バンテアイ・クディの跡からは
金剛を握った覚勝印を結ぶ大日像が出土している

インドネシアのバリ島の中部バトゥワン村にある
ヒンドゥー寺院バトゥワンの入り口には
同じような覚勝印を結んだ大日石像が見られる
住職は　これは千年以上経っている　と語っていた

覚勝印を結んだ大日が
このように広領域に見られるのは
それらの地域に密教が流布していたことを語っている

二臂金剛界大日。『完成せるヨーガの環』一九章。

八臂金剛界大日。『完成せるヨーガの環』一九章。

一二、三世紀頃までは　東南アジアにおいても
密教が広まっていたのである

大日の身体

大日は世界である　あるいは世界のすがたを採る　と
しばしばいわれてきた
大日が人間のすがたを採る　と考えるならば
大日は宇宙的巨人のすがたを採る　とも考えられよう

インド後期密教におけるチャクラサンバラ（勝楽尊）は
世界と同じ大きさの宇宙的巨人　と考えられた
心の輪　言葉の輪　身体の輪の三つが
ハムの輪切りのように　上下に重なっていると考えられた

日本仏教で　大日が宇宙的巨人のすがたを採った図を
わたしは見たことがない　空海は地水等の六要素が
どのように組み合わされても　それはマンダラであり
大日の身体だというが　その身体はどのようなものか

金剛を持ちながら覚勝印を結ぶ大日。国立博物館、デリー。

転法輪印を結ぶ大日。国立博物館、チャウニー、カトマンドゥ。

大乗仏教における代表的な仏身のイメージは
法身　化身　報身の三身であることは　すでに述べた
この三身は　釈迦という人物に基づいたイメージであり
大日如来のイメージも　釈迦のそれに基づいている

ゆえに　大日の身体という語によって
人体を基本にしたイメージを最初に考えるのは
許されることではあろう
しかし　世界全体と重なるような
巨大な大日を考えることは　今日では　かなり困難だ

空海はマンダラの部分もまた　大日の身体であるという
ならば　一輪の花もまた大日の身体ということになる
だが　大日が宇宙的巨人であると考えることはできない

われわれは　今　身体という語の意味を
改めて考えなければならないだろう

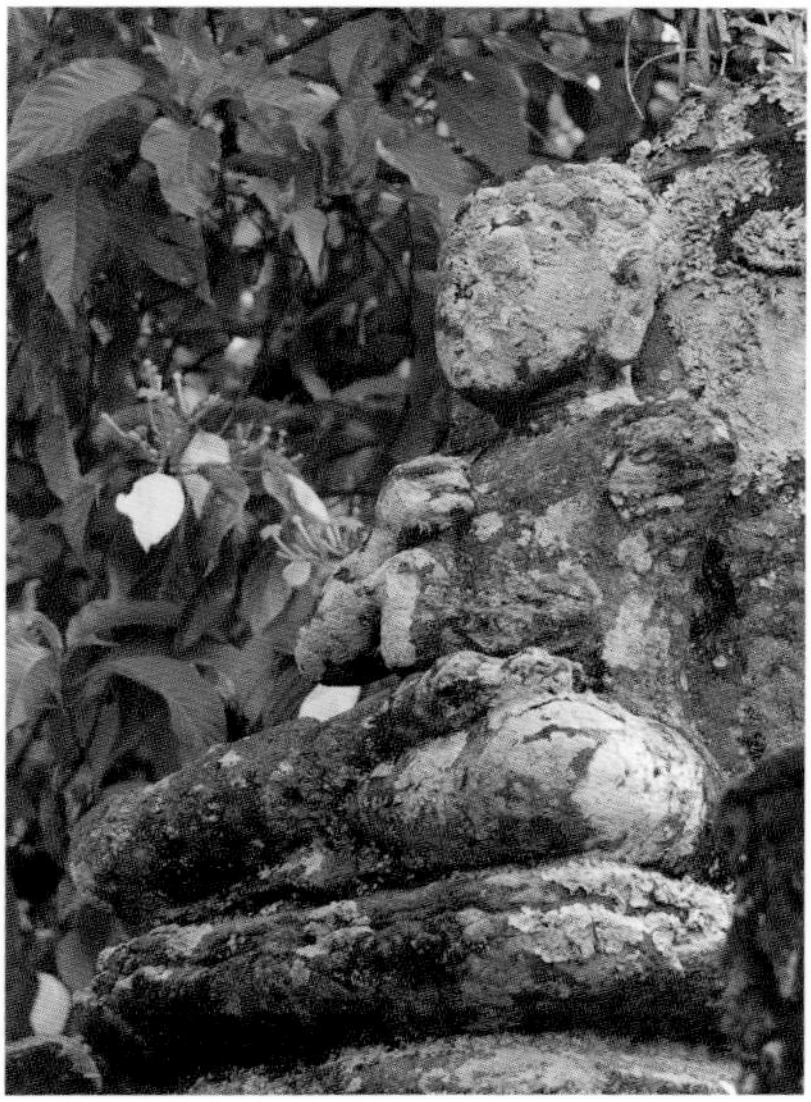

覚勝印を結ぶ大日石像。千年以上前のものといわれている。
バトゥワン、バリ。

全世界が大日の身体を採るのではなく
現前に展開される個々のもののかたちが　大日の身体だ
と考えられないだろうか

その場合　大日の身体だと考えられるすべてのものは
聖なるものである　あるものが大日の身体であると
いわれるときは　外界に対する客観的な叙述ではなく
宗教的実践の意味が込められているのである

さらに　その聖なるものは帰依すべきものである
という意味が与えられていなければならない
そして　その対象がペルソナを有するものであると
考えられるとき　そのものは大日の身体と呼ばれるのだ

現前に存するすべてのものが聖なるものであるとは
密教にのみ見られる考え方ではない
例えば　法華経など密教以前の大乗仏教において
知られていた諸法実相の考え方と軌を一にしている

如来たちはそれぞれの国土を有する。
阿弥陀仏の国土は極楽浄土と呼ばれる。
大日如来の国土は蓮華蔵世界であるが、
大日の国土はこの娑婆世界でもあった。

では、大日如来と彼の国土はどのような関係にあるのか。
一体なのか別体なのか。
阿弥陀仏の場合も同様の疑問が生まれる。
阿弥陀と浄土に住む如来は別体であるが、
光明としての阿弥陀は浄土と一体である。
大日もその名の通り光り輝く者ではある。
だが、この仏は花や人間、山や川など
具体的な事物をその身体としているのだ。
花一輪が大日であるとは理解しがたいことだ。

大日如来は普通、人に似たすがたで表される。
しかし、花や山が大日の身体といわれる。
どのような場合に大日は人のすがたを採り、
どのような時に花や山のすがたを採るのか。

そのような問いに対する答えはないようだ。
しかし、ペルソナを有する人格神として大日如来を帰依する
場合には大日は人のすがたを採るが、世界というような中性
の崇拝対象であれば大日は人に似たすがたで表象されない。
花は大日である、という場合には、
大日は中性的な崇拝対象として現れる。

その身体が宇宙の大きさを採ることもあれば
花一輪の大きさの場合もある　一般には
身体という語によって人間のすがたに似たほとけを
考える必要はないだろう（五五頁上段参照）

大日が人間に似たすがたで表現されることもあるだろう
それは　大日が人格神であるという側面が
強調されており　世界の諸存在のイメージと
大日との同一性は問題になっていない場合である

たしかに世界がマンダラであるという場合には
世界全体を覆う知が求められている
しかし　唯一の整合的な原理によって全世界を
理解しようとする試みは　今日求むべくもない
全世界を理性によって包括的に理解しようとした
哲学者ヘーゲルさえも　世界を分割して理解している

「身体」と訳されてきた梵語（サンスクリット）は
「カーヤ」（kāya）であるが、この語は塊も意味する。
どのようなものであれ、
量があり立体であればカーヤなのである。
形を問わない物体がカーヤと呼ばれる。

梵語では英語の定冠詞（the）や不定冠詞（a）に相当するものがない。「あるもの」（some, any）や「いくつか」（several）といった主語、名詞の「量」を規定する語が発達していないというかほとんどない。
しかし、「すべすべした平面」、「蔦のよう細長いもの」といった物体の形態を表現する言葉を発達させた。

今、問題となっている「身体」はモノを意味する。
だから、形のないはずの法の身体というのだ。

彼にとって　人間の歴史と自然とは別のものだった
われわれもマンダラを分けて考えるべきなのであろう

花が大日であるとか　世界が大日であるという場合は
大日の身体に関する議論はまだしも可能である
しかし　世界が大日あるいはマンダラというすがたを
採るとしたならば　幾多の問題が浮かび上がる

ナチスのユダヤ人虐殺も　スターリンの粛清も
第二次世界大戦も　ロシアのウクライナ侵攻も
大日のすがたであることになる
それらは世界史の中で起きたことなのだから

大日がもし世界であるならば
大日とユダヤ人虐殺とは
どのような関係にあるというのか
大日が世界に内在する　というならば
歴史における人間の悪はどのように解釈すべきなのか

8　観音(観自在)

興正寺　観音堂。

菩薩とは　ボーディサットヴァ(悟りへの勇気のある者)
のことである
活躍するさまざまな菩薩の代表は
観音　アヴァローキタ・スヴァラ　あるいは
観自在　アヴァローキテーシュヴァラ　であろう

観音とは　人々の声《スヴァラ》を観た《アヴァローキタ》者　聞き分けた者
を意味するが　この訳語はすでに二世紀に見られた
唐以降は　観自在という訳語が用いられた
助けを求める人々の声を聞き分ける《アヴァローキタ》に堪能《イーシュ》な者《ヴァラ》の意だ

法華経の一章である観音経は　元来独立した経だったが
その原型は紀元一世紀頃には成立していたと思われる
ローマ世界と交易していたインド商人たちの船は
しばしば嵐に出会ったであろう

観音。観音堂本尊。天瑞和尚作。

8
観音（観自在）

さまざまな観音像が作られている。
それらには常に動的な美しさがある。
われわれに鑑賞よりも行動を促しているようだ。

観音はその身を変えて、人々を救うという。
将軍や商人、時には石にさえ変身するといわれる。
阿弥陀仏や大日如来はそのようなことはしない。
仏は自分の念力によって
観音などの菩薩に行動するように命ずるのだ。

観音は常に他者を救おうとする。
この菩薩は「悲」（悲しみを取り除くこと）の化身であり、
弥勒は「慈」（いつくしみを与えること）の菩薩なのである。

観音がどのような像に表されてきたかも重要であろう。
だが、像は像、絵は絵でしかないのだ。
重要なことは、どのような行為を
観音信仰という意味体系から学ぶかということだ。
観音の名を呼んだとしても、
それだけで戦争が止むわけではない。
観音を中心として育ってきた意味体系それ自体は
何もしないのだ。
戦争を止めようとする人間たちの行為が観音なのである。
そのような人間たちの行為の積み重ねが
観音という意味を育てるのだ。

そんなとき　観音の名を称えるならば嵐は静まる　と
観音経はいう　山賊に襲われた時も観音の名を称えれば
盗賊の難から逃れることができる　とある
観音には　どんな欲張りなお願いも許されたのだ

今日も　日本では観音霊場の巡礼が盛んだ
そのひとつに　西国三十三観音霊場がある
紀伊半島南端の青岸渡寺を第一霊場として
京都や滋賀の寺々を回り
岐阜県谷汲の華厳寺を満願寺とする

谷汲の華厳寺の本尊は十一面観音であるが
長谷寺　三井寺　六波羅蜜寺などの本尊も同じだ
一一とは　四方　四維　上下　中央を意味する
この菩薩は　あらゆる方角に顔を向けているのである

名古屋の興正寺には　小高い丘の上に観音堂が建つ
ここには開山天瑞の手になる三十三観音が残る

谷汲山 華厳寺 本堂。

それらの観音たちのほとんどが　同じ表情を見せる
六九頁の写真は　谷汲の十一面観音を示している

観音が人を救うために変化身を示すことは知られている
観音経羅什訳には三十三の化身が述べられており
梵天　自在天　将軍　長者などに変身する　といわれる
だが　梵語テキストでは化身の数が異なる

観音の人気は　その霊験にある
観音を信仰する者たちは　観音の超自然的力による
救いを願って名を唱えた　今日多数の観音霊験記が残る
病人が観音力により元気になった　といった話が
数多く残されているのだ

今日　観音信仰はどのような意義をもつのだろうか
霊験あるいは奇跡を求める人々もいることだろう
だが　観音はわれわれの行為を促していると思う
われわれが　観音の使者となって働くべき時なのだ

西国三十三観音（観音堂正面右）。天瑞作、興正寺蔵。

西国三十三観音（観音堂正面左）。

十一面観音　清水寺（一六番）
京都の清水寺創建の歴史は坂上田村麻呂の伝説に遡る。寺伝によれば大和国の僧延鎮（えんちん）が狩りに来た田村麻呂にその非を論したところ、彼は観音に帰依し、東征の後、延鎮と田村麻呂は北観音寺清水寺を建立したという。八〇二年、音羽山清水寺に改めた。

韋駄天を右脇侍とし毘沙門天を左脇侍とする十一面観音。

清水寺で入手した御影。

韋駄天はヒンドゥー教の神シヴァの息子クマーラ（童子）で、魔神ターラカを打ち負かす軍神である。

毘沙門天は、田村麻呂が東方征伐に際して祈願した神といわれる。

この二人の軍神を観音の脇侍とすることは、日本においても他に例がある。

地蔵と毘沙門天を脇侍とする清水寺奥の院の観音。
清水寺本堂の観音もこの二人を脇侍としている。
この二枚の御影における毘沙門の持物は異なっているが、毘沙門の持物は一定ではない。

十一面観音　中山寺（二四番）
この寺の草創は古く、四天王寺のそれよりも四年早く、聖徳太子により創建されたと伝えられる。
天平時代には伽藍も整い、奈良時代には学問寺として栄えた。
安産や女人済度の霊験で名高い。この観音はインドの勝鬘（しょうまん）夫人の姿を模した像ともいわれる。

如意輪観音　円教寺（二七番）
九七〇年、性空により創建。
桜の老木を生木のまま観音像に刻んだと伝えられる。

馬頭観音　松尾寺（二九番）
馬頭（ハヤ・グリーヴァ、馬の顔をした者）とは元来、恐ろしいすがたの守護神だったが、観音の化身と考えられた。
チベット仏教では今日も忿怒尊の一人として尊崇されている。
日本では死んだ飼馬を記念して馬頭観音として祀ることがある。

十一面観音　華厳寺（三三番）
三十三霊場の内、唯一岐阜県にある霊場だ。
谷汲さんの名で親しまれている。この寺の創建は七九八年という。
かつては油石がこの寺の近くに出たと伝えられているところから
この名がある。
近くには材木の商いで栄えた揖斐の町があり、学問寺として有名
だった横倉寺がある。

聖観音。左手に蓮華、右手の親指と中指を付ける印を結んでおり、典型的な観音のイメージである。平安期の作品といわれる。興正寺 西山本堂。

観音石像７体。
写真向かって左から不空羂索観音、那智山如意輪観音、千手観音、千手観音、馬頭観音、十一面観世音、聖観音。
興正寺 西山本堂脇。

9　虚空蔵、普賢、文殊、地蔵菩薩

虚空蔵菩薩。興正寺能満堂の本尊。この堂は一七一七年、尾張藩六代継友の寄進によって建立された。以後、徳川家の祈願修法所であった。

虚空蔵菩薩

虚空蔵（アーカーシャ・ガルバ）とは
虚空《アーカーシャ》の胎《ガルバ》という意味ではなく、
虚空を「孕む者」という意味の所有複合語である
「観音」が観る音という意味ではなく、
〔人の〕音（声）を観る者という意味であるのと同様だ

空海は　山林を巡って修行をしているとき　ある僧から
虚空蔵求聞持《ぐもんじ》の法を授かり　この法を行じた
谷　響きを惜しまず　明星来影す　と彼は記している
この体験には山林修行のにおいがするように思われる

この法は記憶術の法といわれるが
テキストから察するに　虚空蔵の瞑想法である
菩薩から出た真言が行者の身体に入り
その後　真言が巡るのである
これはインド密教の典型的な観想法である

右手に拳を握り、左には宝珠を持つ。虚空蔵菩薩拡大図。

真言には二種あるが、一般にはナモー　アーカーシャガルバーヤ　オーム　アリ　カマリ　ムリ　スヴァーハー　という。「虚空蔵に帰命。オーム」以下はおそらく意味のない掛け声であろう。

この真言を百万遍唱えよ、と述べられているが、そのことが暗記に通ずるとも思えない。

虚空蔵の儀礼の中では三回とか一回唱えられのみである。

所詮、さまざまな菩薩は、他の仏たちと同様に、人間たちが時代とともに培ってきた意味なのだ。

それらの意味の中で人は生きている。

しかし、時として、われわれはその意味の歴史を外から眺めることが必要だろう。

唐の善無畏《ぜんむい》が訳した　虚空蔵求聞持の法が残されている
まず虚空蔵の絵図を用意し　供物を壇に置き　礼拝する
陀羅尼を三回唱え　壇を水で清め　菩薩を招く
蓮華を座として差し出す　香　食物　灯などを捧げる

菩薩を心で念ずると　菩薩の心臓にある月輪から
真言の文字が列をなしてとび出し　行者の頭頂に入り
口から出る文字は菩薩の足から菩薩に入り
再び　菩薩の心臓から　行者の頭頂に入るという
これが繰り返される

菩薩と行者が一体となるということは　この行法にはない
疲れたならば座を立つ　あるいは菩薩を見送る
客のように　ほとけあるいは神を招き　もてなした後
客としてのほとけが返るのを見送るという形をとる

この虚空蔵の行法は供養の形式をとる感想法である
この行法の伝統は今日では伝えられていないようだ

普賢菩薩。天瑞和尚作。興正寺。

仏教では、ヒンドゥー教やギリシャ正教においても同様で
あるが、神々のすがたつまり図像学的特徴は実に複雑だ。
その特徴の体系に関しては
それぞれ学問体系が生まれているほどだ。
その学問体系を研究することが
神たちへの関わりのほとんどである場合すらある。

仏像の鑑賞も大事だ。
だがさらに重要なことはなぜそのような像が作られたか、
どのような行為を今、われわれに促しているかである。

普賢菩薩

この菩薩の梵語名は「サマンタ・バドラ」である
「サマンタ」とは「普《あまね》く」を意味する
観音が「すべての方角に顔を普く向けている菩薩」と
呼ばれるときの「普く」である

「バドラ」（賢）は頭脳明晰ということではなく
「有効である、善い」を意味する
つまり、普賢とは
「あらゆる面で勝れている　万能である者」
と名づけられた菩薩である

ネパールの法界マンダラでは
普賢は右手に与願印　左手に剣を持つことが多い
密教では金剛薩埵《さった》と同一視される
興正寺普賢像は天瑞作と伝えられるが　如意棒を持つ
普賢の持物を特定しようとすることは難しいようだ

文殊菩薩。興正寺。

文殊菩薩

文殊がいつ仏教パンテオンの一員となったかは不明だ
この菩薩の像は　ガンダーラやマトゥラーといった
仏教芸術の初期を代表する派の中には見られない
二世紀頃の仏伝ブッダチャリタにも　その名はない

一方で　阿弥陀経　無量寿経　法華経などの
初期大乗経典には　文殊は登場している
文殊は　観音のようには変身を現さない
紀元一、二世紀の維摩《ゆいま》経の中で
文殊が維摩居士の病気を見舞う話は有名である
文殊は　迷妄を断ち切る知恵の印として
一般に剣を右手に経巻を左手に持つが
花や金剛　あるいは円輪を持つこともある

日本では　普賢と文殊は釈迦三尊像の
脇侍となることがしばしばである

地蔵菩薩。興正寺。

合掌する地蔵菩薩。右の写真の拡大図。
普通、ほとけたちは合掌しない。
地蔵は一般には左手に宝珠を持つ（七九頁写真参照）。

地蔵菩薩

日本で観音菩薩に劣らず人気があるのは　地蔵菩薩だ
この菩薩は　釈迦の滅後　弥勒が生まれるまでの間
六道に迷う人々を救うという　繋ぎのほとけである
興正寺においても　数多くの地蔵像が見られる

七九頁の写真は　境内の脇に見られる六地蔵の像である
六地蔵のそれぞれには名称がつけられている
地蔵たちはそれぞれ輪廻の六道に降りていき
人々を救う　とも伝えられる

人は死ぬと三途の川を渡る　船賃は今の金で三〇〇円
親よりも前に幼くして死んだ子供は
三途の川を渡る前に　親に先だった罰として
その川の河原で石を積み上げねばならない　という

今も川岸や海岸に小石が積み上げられているのが見られる
子をなくした親が子供に代わって石を積んだのであろう

幼く死んだ子供たちが川辺で石を積むのを見守る地蔵、
地獄に降りていって閻魔大王と交渉する地蔵菩薩、
そのようなことが実際にあるのだと信じている者は
おそらくいないだろう。

だが、それらはすべて作り話だといって
済ませることのできない人々は多い。
千年以上にわたる歴史の中で積み重ねられた意味の集積は
根強いものだ。

このような意味の積み重ねは
キリスト教やユダヤ教においても見られる。
宗教に限らない。
我々の文化は自然という外的環境に影響を受けてはいるが、
各民族や国家は
それぞれ積み重ねてきた意味体系に基づいている。

その意味の外化を実体視するあまり、
人々は無用な戦いをくり返している。
自分たちが作り出した産物に支配されているのだ。

川の岸などは三途の川に繋がっていると考えられたのだ
冥府は意外に近く　歩いて行ける所にあるかもしれない

三途の川の賽の河原で　子供たちが石を積んでいると
鬼が現れて子供たちが積み上げた石を蹴散らしてしまう
そこに地蔵が助けに来るという
地蔵がどんなふうに鬼たちを追い払うのか
知りたいとは思う

地蔵のサンスクリットはクシティ・ガルバだ
大地《クシティ》を孕《ガルバ》んでいる者という意味である
地蔵は観音のように地上で華麗に活躍しない
縁の下の力持ち　といったイメージの菩薩である

観音は　餓鬼の世界や地獄の世界に降りてはいかない
地蔵の働き場所は地下の世界だ　彼は地獄の閻魔大王と
死者の運命について交渉できるという　今昔物語には
地蔵の力によって冥界から蘇った話がいくつもある

地蔵はなぜ坊主頭なのか　これは　中国において
地蔵に仏弟子目連《もくれん》のイメージを重ねたためといわれる
目連は餓鬼界に堕ちた母親を救う道を釈迦に尋ねたが
目連は釈迦の弟子であるゆえ　頭を剃っていたのである

地蔵は中国では剃髪　あるいは独特の帽子を被った姿だ
ネパールやチベットでは髪を結い　美しい衣を着ている
日本では　地蔵は道祖神と結びつき
男根のかたちをしていることからも推測できるように
安産の神でもある

地蔵。このような地蔵は最近の流行である。興正寺境内。

地蔵菩薩は六道それぞれにおいて衆生を救うと考えられており、６人の地蔵すなわち六地蔵を数える。
写真向かって２番目から地獄界の壇陀（ダンダ）地蔵（ダンダは警棒の意）、餓鬼界の宝珠地蔵、畜生界の宝印地蔵、修羅界の持地地蔵、人界の除蓋障地蔵、天界の日光地蔵。
１番目は勝軍地蔵と呼ばれる。興正寺。

10 女神
―大随求明妃、弁財天、般若―

日本では京都清水寺の大随求明妃信仰がよく知られている。
興正寺の大随求は清水寺からの招致（勧請）といわれている。
大日如来の持物である法輪を持つ。興正寺西山堂。

日本の仏教では　ほとけたちは
仏　菩薩　明王　天という四グループに分けられてきた
女神たちに独立したグループはなかった
女神たちは菩薩や天のグループに組み入れられたのだ

観音を女神にしたような女神ターラーは多羅菩薩
世を支え持つという豊穣のヴァスンダラーは持世菩薩
弁天　つまりサラスヴァティーは弁財天と呼ばれている

インドやチベットでは女神たちのグループは強大であり
仏　菩薩　明王と並ぶ独立したグループが考えられた
このように密教では神たちのパンテオンが認められたが
パンテオンとは　ギリシャ語を借りたものである

中国や日本の仏教では女神たちは軽視されてきたようだ
日本では　伝統的に女神たちは独立したグループとして
考えられてこなかったが　日本仏教にあっても
女神たちに独立したカテゴリーを与えるべきであろう

大随求明妃。興正寺西山堂。

大随求明妃。『成就法の花環』一九四番。ガウタム・バジュラーチャーリヤ画。

大随求《ずいぐ》明妃

インドでは病気　蛇に噛まれること
財産の消失といった困難のときや　長寿を願うときには
陀羅尼　呪が用いられた
密教の時代にあっては五つの陀羅尼が有名であって
五護陀羅尼《パンチャラクシャー》と呼ばれるグループにまとめられた

このグループは五人の女神として信仰されてきた
興正寺で祀られている大随求明妃はその一人だ
この女神は長く患うことのない死を約束するという
このようなことはインドやネパールでは聞かない

これらの五女神の図像は金剛界五仏のそれに似ている
五女神の中心である随求明妃は　大日如来に似て
身体は白　ライオンに乗り　円輪を持つのが一般的だ
他の四女神も金剛界の四仏に関連づけられている

弁財天。興正寺普明殿。

弁財天社。使者としての蛇の像が置かれている。興正寺境内。

弁財天

弁財天　サラスヴァティーの出自は古く
リグ・ヴェーダに現れる　この女神は水と関係があり
天を流れる川の名であったともいわれる
日本では芸能や文芸の神として崇められている

興正寺境内にも弁財天の社がある（写真上）
この社の前には　毎朝　花が添えられる
前の章において大日と花との関係を問題にしたが
弁財天と花との関係は何であろうか

般若

般若あるいは般若波羅蜜多という女神がいる
プラジュニャーの俗語パンニャーの音写である
般若とは悟りの智慧のことだ　インドやチベットでは
般若は智慧の女神と考えられている

般若と聞いて　人は般若心経を思い起こすであろう

最上稲荷。不動を脇侍としている。興正寺。

現在の興正寺に稲荷の社はないが、伏見稲荷の像は残されている。稲荷を祀る神社にはしばしば狐の像が置かれるが、狐との結びつきは少なくとも日本で一般化したようだ。稲荷は豊穣の神だったようで、米俵に乗った女神として描かれることが多い。

稲荷は荼枳尼天（だきにてん）と結びついた。荼枳尼天はインド、ネパール、チベットなどでは仏の妃ともなるハイランクの神だ。ダーキニーのダークは飛ぶことと関係するようだ。チベットでダーキニーは空飛ぶ女（カンドーマ）と呼ばれる。ネパール仏教でも空飛ぶ女のイメージが定着している。カトマンドゥ盆地の仏教寺院には長い髪を揺らせ、裸で空を駆けるこの女神の絵が見られる。要するに魔女なのだ。

般若と呼ばれる能面がある　恐ろしい形相の面だ
あの面は女の怨念を表したものといわれる
あの形相の面をどうして般若と呼ぶのか

平安期には　源氏物語にも見られるように
怨霊がやってくると　般若経をよみあげたようだ
女官たちは　ああおそろしい　般若経をよみましょう
などと言い合ったのであろう

始め　般若は悪霊退散のためのものであったろう
後世　能楽が生まれて　例の恐ろしい面は般若と
名づけられた　悪霊の面相を悪霊の敵である般若と
呼んだのだ　悪霊を忌む気持ちがそうさせたのか

興正寺では女神般若の像は祀られていないが
般若心経は毎日唱えられている
インド　ネパール　チベット　さらに中国では
数珠と経典を手にするこの女神の像は多い

11

宝篋印塔

並ぶ宝篋印塔。興正寺。

宝篋印塔の中央部に刻まれた梵字。宝篋印塔陀羅尼の冒頭部分 namas try-adhvikānām（三世に住む〔如来たちに〕帰命）の三つ目の梵字 strya を刻んでいる。悉曇文字では namas（帰依する）の最後の s が次の try（三）と一緒に書かれるのでその文字を刻んできたのである。ただ sitrya を意図したのか Stryi のつもりだったのかは不明である。興正寺。
他の寺ではかの梵字はほとんどの場合刻まれていない。

興正寺には宝篋印塔《ほうきょういんとう》と呼ばれる塔が三百基以上残る
これは日本全国においても珍しい　この寺では
それらの塔はほとんどが尾張の町民によって
造られたのであり　武士が寄進したものは例外的だ

この塔は唐の不空が訳した宝篋印陀羅尼経
（大正蔵経一〇二二番）に基づいているが　この経は
法華経見宝塔品を下敷きにしている　法華経には
釈迦の遺骨を集めたところ　釈迦が蘇ったとある

宝篋とは　宝を入れる箱を意味する塔のことだ
印は多義的だ　宝箱によって象徴される仏の身体
宝箱というすがたの塔　箱つまり塔の中央部に
くりぬかれた穴に収められた陀羅尼文などを意味する

この陀羅尼経の全名称には　全身舎利という語がある
この舎利　ダートゥには身体や本質という意味もある

五重の塔の脇の宝篋印塔群。
これらの塔は一八世紀のものである。興正寺。

この陀羅尼梵文は不空訳に残るが　一〇行ほどのものだ
この呪文のほとんどの部分が　呼びかけと命令である

この呪文の中で　この塔は女性形で呼びかけられている
「すべての如来のダートゥを有する者（女性名詞）よ
……印（ムドラー）を有する者よ……悟らしめよ
動け　動け……すべての如来のダートゥを孕む者よ
……仏塔（ストゥーパー、女性形を採る）よ」

男性形で呼びかけられている箇所はない　これは
宝篋印塔がかつては　女性あるいは女神として
表象されていたことを表すのだと思われる

宝篋印塔の中央部には
茶筒のような銅製の容器が収められており
そこにはかの陀羅尼を書いた紙が
時には銅板に彫り込まれたものが残っている　また
塔を寄進するに至った経緯を示す文も添えられている

12 明王
—不動、愛染明王—

明王は通常　孔雀明王を除いて　忿怒の形相の男神だ
仏母《ぶつも》孔雀明王という女性の明王もいるようだが
仏母とは仏の母親ではなく　女神という意味である
仏法の守護が明王の役目であり　時に如来の使者となる

明王は文字通りには　明《ヴィドゥヤー》　即ち真言の王を意味する
明王たちは密教の中で活躍するが　浄土教では現れない
ネパールやチベットの仏教では多様な明王が登場するが
日本の密教における代表的な明王は　不動であろう

忿怒の相の不動明王。興正寺。
霊を呼ぶというおごたまの樹の近くで不動は何を思うのか。

不動明王坐像。図像的には大日経の記述と一致する。興正寺不動堂。
香川県多度津にある空海の母ゆかりの寺仏母院には金剛界大日像（鎌倉期）があるが、その左目は大きく見開かれ左は半ば閉じられている。
これは不動の目が大日に写されたと考えられる。

不動明王。興正寺西山本堂

不動と大日如来との関係は深い。不動は大日の使者であるばかりでなく、大日の化身であるとも考えられるに至った。大日がすべての菩薩や忿怒尊の心の中に住むともいわれる。さらに大日が住む宮殿は大日の化身ともいわれるようになると大日の身体が宇宙であるという側面が強くなる。だが、このように大日の職能が大きくなればなるほど、大日は空洞化する危険を孕むのだ。そのような中尊への職能の集中化は多くの宗教で起きた。

不動明王

大日経では　不動について　手に剣と羂索《けんさく》を持ち
辮髪を頭の左に垂らし　片方の目は斜視であり
忿怒の形相で岩の上に坐り　童子のすがたで　小太とある
日本の不動の図像は通常この大日経の説明に依っている

胎蔵マンダラでは　大日の近くに不動が坐っている
また　大日経第二章の漢訳に不動如来使とあるが
チベット訳にはこの表現は見られない　しかし
中国や日本において　不動は如来の使者となった

後世　大日如来は本体　般若菩薩が説法するすがた
不動が如来の教えを実行するすがた　と考えられた
不動の本体が大日であり　さらに大日の化身とも
考えられるにいたった

インド　ネパール　チベットでは忿怒尊のグループが
パンテオンの中で大きな位置を占める

愛染明王。興正寺西山本堂。

そのグループではマハーカーラ　大黒が有名だ
不動は日本におけるほどの人気はない

愛染明王

この明王の梵名はラーガ・ラージャだというが
これを記した梵文テキストは発見されていない

ラーガ　愛とは　愛の精神や人類愛とは　ほど遠い
貪欲のことであり　染も人を染める煩悩を指す

大正蔵八六七番瑜祇《ゆぎ》経が典拠といわれるが　これは
中国でできたらしい　タッキ・ラージャは愛染明王だ
という説もあるが　両者は別の道を歩んできた
この明王は中国でほとんど知られていない

この明王は日本で人気者だ
インドで活躍しなくても　新しいほとけの誕生
それが仏教が生きていたことの証だ

13 天

―太陽、月、火天、風天―

蛇はどこの国でも聖なる動物であった。時には邪悪、時には高貴。
この龍神には会ったことはないが、おそらく後者であろう。

仏教の世界観では　四方と四維の八方それぞれを
天（神）が守ると考えられた　これらの神々の
ほとんどはヒンドゥー教の神々であり　仏教徒は
それらの神々を自分たちのパンテオンに取り入れた

東方の帝釈天（インドラ）は諸山天鬼の主であり
東南の火天（アグニ）は諸火神の主となった
南方の焔摩（ヤマ）は死者の国の王
西南の羅刹天（ナイルリティ）は羅刹や吸血鬼たちの主
西方の水天（ヴァルナ）は河や海や龍神たちの主
西北の風天（ヴァーユ）はもろもろの風神たちの主
北方の多聞天（クベーラ）は夜叉や鬼神たちの主
東北の伊舎那天（イーシャーナ）は魔衆の主である

この八方天に　上方を守り
諸天の主である梵天（ブラフマン）と　下方を守り
地神たちの主である地天（プリティヴィー）を加えて

十二天を描いた屏風一双のうちの一。興正寺所蔵。

十方天と呼ぶ　さらに日天と月天を加えて
十二天と呼ぶ

インドやネパールでは十方天がよく知られているが
胎蔵マンダラにおいて最も外の院（外金剛部院）にも
十二天が現れている　興正寺には　十二天それぞれを
描いた軸と　六曲一双の屏風に描かれた十二天がある

仏教のパンテオン（神々の組織）では
太陽や惑星も神格化されている
日　月　火星　水星　木星　金星　土星　彗星
日月食を起こすラーフ星を　九曜と呼ぶ
インドなどでは　九曜は人々の運命を司ると考えられた

日本でも　水の神の社はあちこちに見られ　また
火の神はそれぞれの家の台所で祀られていた
十二天の信仰は一般の家庭では見られないであろうが
九曜は日本人の暦の中でまだ生きている

火天（アグニ）。
彼は天界に住む神々にバラモン僧たちが供えた供物を天界に届ける使者であった。

焔摩天（ヤマ）。
ヴェーダ神話では、彼は天界に住み、死者たちの魂を迎える死者たちの王であった。
後世、地下に降りたのである。

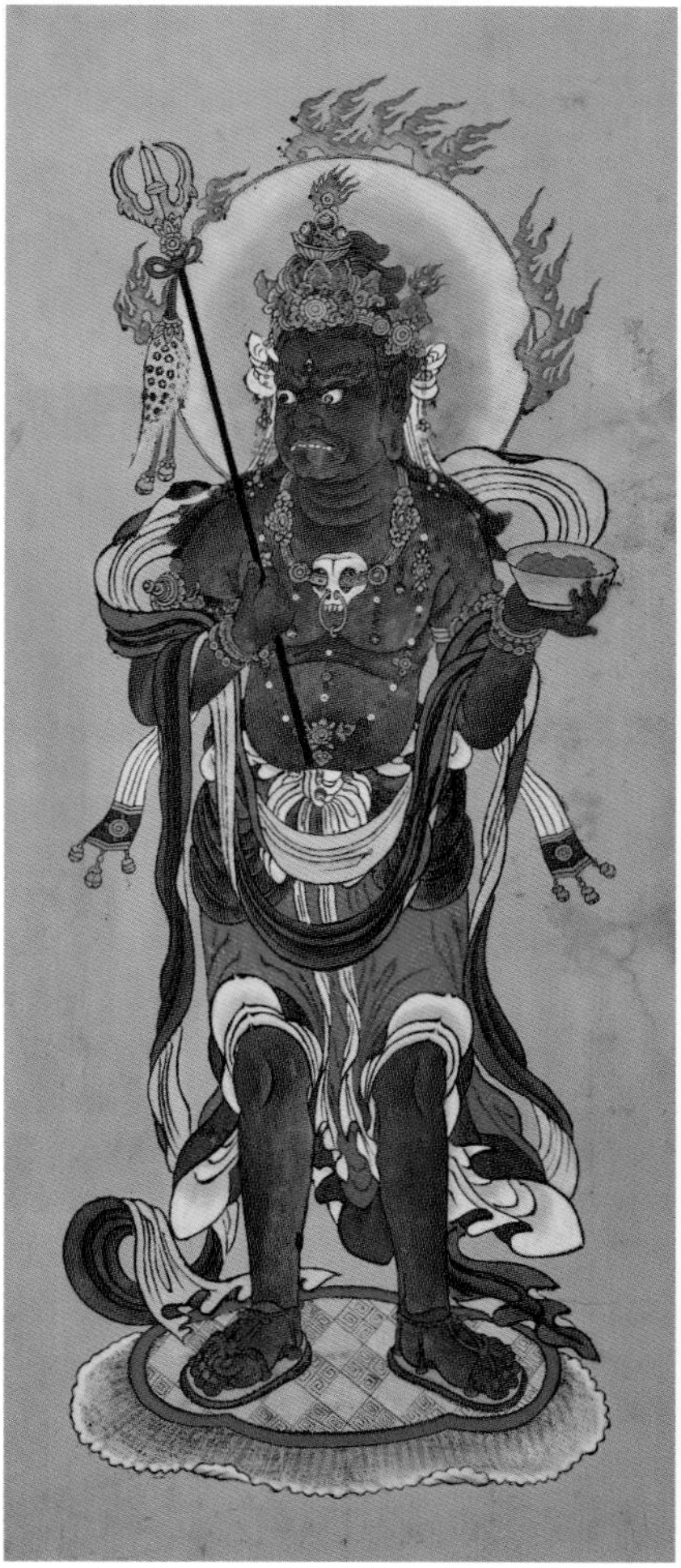

伊舎那（いしゃな）天（イーシャーナ）。
この名称は主、長を意味する。
「ナイルリティ」とも呼ばれる。
ヴェーダ期に活躍した神ではない。

帝釈天（インドラ）。

この神はヴェーダの宗教ではドラゴン・ヴリトラを殺し、人々に水を解放した英雄であった。

後世、仏教に取り入れられた。

梵天（ブラフマー）。
ヴェーダ期では中世原理ブラフマンであったが、後世、男神ブラフマーとなり、仏教にも取り入れられた。

日天（スーリヤ）。
ヴェーダ神話では、馬車で天空をかける男神である。
太陽円盤の神格化といわれる。

月天（チャンドラ）。
ガチョウの曳く車に乗るとイメージされる。
ネパールでは日天とともに寺院本堂入口の両脇に描かれることが多い。

地天（プリティヴィー）。
インド古代神話の中では地味な活躍をする女神である。
生類の生みの母というイメージはない。

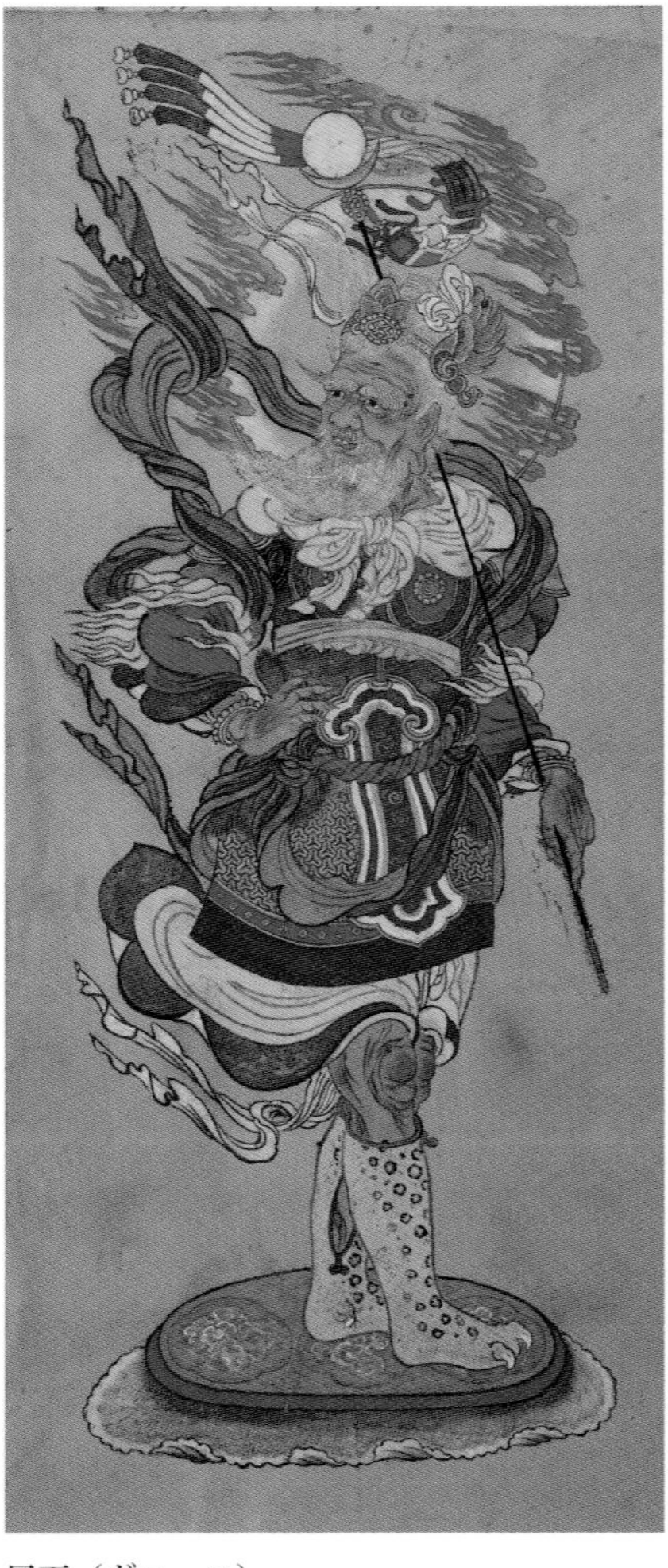

風天（ヴァーユ）。
インド神話一般においてはその活躍が注目される神ではない。日本近世以降、この神の図像は多い。

毘沙門天（ヴァイシュラヴァナ）。
ヴェーダ期には活躍しないが、後世、仏教では有力な守護神となった。

羅刹（ラークシャサ）。
初期仏教の説話集ジャータカでは神（天）であったが、後世、守護神の一人となった。

水天（ヴァルナ）。
ヴェーダ期においてヴァルナは水の神というよりは宇宙の理法を司る神であった。
後世、水の神の職能を強めた。

おわりに――大日は世界である――

樹木と精

大きな樹にしめ縄が張られているのを見かける。何者かがその樹に宿っていると考えられているのだ。だが、その「何者」とはいったい誰なのか。宿る者と木とはどのような関係にあるのか。もしも世界を創造した神が存在するならば、樹木も神の恵みを受けて育ったであろう。その意味では、樹木には神の恵みが宿るといえよう。

神道では神社の境内でしめ縄の張られた樹木が創造神によって造られたとは考えられていない。樹木の精が宿ると思われることがあったとしても、その精が樹木そのものを生むことはない。神道では、風が揺らす葉が生む音を神の音だという。葉に風が当たるのを聞くという場が神を生むのである。風そのものが神なのか　葉に当たった風が神なのか、そのような問いは、神道では嫌われるにちがいない。ようするに、そのあたりのことはむしろ曖昧である必要があるのだ。

世界はマンダラであり、マンダラの全体あるいは部分も大日の身体であるという空海の立場に立つならば、樹木も大日の身体となることはすでに述べた。空海は生命体としての自然の事物と大日如来との関係を詳しくは論じていない。そもそも自然を生命体と理解するというような理解は、一二〇〇年以前にはなかったのだ。

ではあるが、今日、われわれは問わねばならない。なぜ樹木あるいは花一輪が大日の身体といえるのか。花のみならず、すべての生類には大切ないのちがあるから、と人々はいう。たしかに、樹木や犬猫のいのちと人間のいのちとは本質的な差はないだろう。生物学的生命体としてのヒトは、少なくともこの数十万年の間、樹木や動物となんとか共存してきた。というよりも、われわれは他の生き物のいのちを受けて、つまり、奪って生きてきたのだ。

だがこの一、二万年の間にヒトは大きく変わった。ヒトと自然との関係が変わったのだ。特にこの数百年の間にヒト、つまり人間は、いわゆる自然界を超えた別の次元に自ら来てしまった。自分たちが考えもしなかった世界に足を踏み入れており、もはや後戻りはできないのだ。

人間たちは危機に瀕すると古代の知恵を見直そうとしてきた。空海は核兵器や地球環境変化を知っていたわけではないが、千二百年の時を超えて空海がわれわれに新しいヒントを与えてくれることを願う。

世界とブッダ

世間とは人間などの生類をいい、器世間とは生類が住む器、つまり世界をいう。空海は六要素でできた生類を含む世界がマンダラであり、如来の身体でもあるという。世界が如来のすがたを採っているというのだ。空海のいう大日の身体の多くの部分は、いわゆる自然界によって占められてはいるが、自然界と同一ではない。というのは、人間が築いてきた文化もその身体には含まれるからだ。だが、そのような身体にどのような意味があるのか（五五頁上段参照）。

なぜ空海は身体という言葉を用いたのか。仏の身体（仏身）という概念は、前に述べたように（三〇頁）、初期大乗仏教においてすでに知られていた。整備された仏身説としては、法身・化身・報身の三身説がよく知られている。

これらの仏の三身のうち、化身は釈迦という一人のブッダのすがたに関するものであり、阿弥陀仏などの報身も釈迦のイメージの変容なのである。法身（法を身体とする仏）も人間に似たすがたのブッダそのものを指してはいないが、「身体を有するブッダ」という意味が背後にある。つまり、三身説は一人のブッダのイメージに係わるものであって、器世間つまり、自然を含む世界が身体と呼ばれてはいなかった。もともと器世間と人としてのブッダとは異なった存在だったのだ。人は器世間の中で暮らすのであって、器とはなりえない。

ただ、ここで化身としてのブッダについて述べておかねばならぬことがある。「化身」（ニルマーナ・カーヤ）とは、かの釈迦族の太子であったかのゴータマ・ブッダを指す場合もあるが、必要に応じて不思議な創生（ニルマーナ）によって現れたブッダを指すこともある。例えば、経（スートラ）の初めは「私はこのように聞いた」（如是我聞）という文句で始まるが、その経を説いている者（教主）はニルマーナ・カーヤとしてのブッダであるということもできよう。釈迦族の太子であったゴータマ・ブッダを化身と呼ぶ場合は、法（ダルマ）が化身した結果と考えられたケースである。このように化身という語は多義的であるが、教主としてのブッダも釈迦族の太子であったゴータマ・ブッダを踏まえていることは間違いがない。

話を器世間に戻そう。器つまり世界が如来の身体であるといわれるようになった。如来が世界のすがたを採るようになったのだ。空海はそのように明言しているが、このような考え方はインドにもある。

後期密教のマンダラの一つに勝楽《しょうらく》（チャクラサンバラ）マンダラがある。このマンダラは八、九世紀の成立と推測されるが、その中尊である勝楽尊は宇宙的巨人のすがたを採ると考えられていた。一一世紀頃に成立した時輪マンダラの中尊である時輪尊（カーラチャクラ）も「宇宙的規模の時計」とも呼ぶべき巨人として表象されていた。紀元前一〇、九世紀の編纂と考えられるインド最古の賛歌衆

『リグ・ヴェーダ』（一〇・九〇）にも世界が巨人（原人、プルシャ）であったといわれている。

空海の場合のみならず、世界あるいはその部分をほとけの身体であると考えたのは、世界全体を一つの有機体あるいは生命体と考えた結果であろう。一一―一二世紀のインドの神学者ラーマーヌジャは神イーシュヴァラの実在を認めるが、その神の身体は物質世界と霊魂（アートマン）であると考えられた。また彼はこの三存在の統一体を「ブラフマン」（梵）と呼んだ。彼の神学にあってはイーシュヴァラとブラフマンとはまったくの同一ではない。

「限定された実体」ともいうべきイーシュヴァラは心的な存在そのものであるが、ブラフマンは「限定するもの」である色や形をも含むのであった。

人格神への帰依

このように世界はほとけ、あるいは神の身体であるという考え方は珍しいものではない。だが、なぜ、そのような必要があったのか。それは崇拝対象に帰依（バクティ）の心情を抱いたからであろう。帰依の対象は常に人格（ペルソナ）を伴う人格神である。宗教的実践が帰依というかたちを採らないこともある。その場合には人格神の存在は前提とならない。例えば、ウパニシャッドの哲人たちが求めたのは中性原理であって、人格神ではなかった。坐禅にあっても人格神に帰依するわけではない。

しかし、人格神への帰依を前提とする宗教あるいは宗派は多い。キリスト教、ユダヤ教、ヒンドゥー教のシヴァ派やヴィシュヌ派、浄土教さらには密教（の多くの部分）などにおいては崇拝の対象はペルソナを有する人格神への帰依を前提としている。それはおそらく人格神への帰依は「聖なるもの」としての崇拝の対象との「交わり」が必要だからであろう。キリスト教においては神との契約も神への祈りも「交わり」である。阿弥陀信仰における念仏は、まさしく阿弥陀との「交わり」である。

「交わり」は人間たちの行為を生むはずである。しかし、その行為は人間たちの果てしなき欲望の達成を助長するものではない。人間たちの欲望の制御という意味での自己反省あるいは自己否定を含むものであろう。このような自己否定は仏教では空の思想として受け継がれてきたが、この自己否定については次の機会に俟ちたい。

本書は八事山興正寺（名古屋）に所蔵されている仏像や絵画を素材として、密教（仏教タントリズム）のほとけたちの紹介を目指してはいるが、この書のもくろみはそれだけではない。仏教あるいは密教のほとけたちの図像学的考察の書はこれまでに数多く出版されている。密教の図像学的考察が密教の理解にとって不可欠であることは、いうまでもないことである。

本書は仏像がわれわれにどのような行為を促しているかを問おうとしている。仏教さらに宗教は、歴史の中で意味の体系を育ててきた。しかし、その意味の体系は人間たちを拘束するような力を持つに至った。つまり外化が起きてしまった。というよりも、起こしてしまったのだ。くり返すが、像は像、絵は絵でしかない。われわれは今、仏像を造った人たちが、なぜあのような像を造ったのかを問わねばならない。そして、世界をほとけの身体へと育て上げるための行為をせねばならないのだ。

八事山仏教文化研究所の「八事山仏教シリーズ」（第五巻）として出版する機会を与えていただき、興正寺に御礼申し上げたい。この書は「八事山仏教シリーズ」（第三巻）として出版された『神たちの食事―供養の時―』（あるむ、二〇一三年）の続編ともいうべきものであることを付け加えておきたい。また興正寺所蔵の仏像や絵画の写真を掲載する許可を与えていただいたことに関しても、厚く御礼申し上げる次第である。畏友、故ガウタム・バジュラーチャーリヤ画の白描を使うことができたことにも感謝したい。本書で用いた写真とマンガは、すべて筆者（立川）の撮影・制作によるものである。

あとがきのあとがき

ドイツの哲学者ハイデガーは『存在と時間』を著した。「存在するものである」の「ある」とはいかなることかを彼は考察したが、人は世界に対して何をなすべきかを主題とはしなかった。プロテスタント神学者のボンフェッファーは『存在と時間』を発表した。彼は、神の存在を信じながらも、世界において人はなすべきことをなさねばならないと主張した。ブッディスト・セオロジー（仏教神学）の立場からするならば『行為と時間』を書くべきだろう。

すべてが時間の中にある、いや、すべてが時間なのだ。太鼓の音や川の流れのように、時間という姿を採るすべては留まることはない。死という終わりに向かう時間内における行為の連続が人間の本質である。しかし、仏教は死へと向かう時間の中で生存の証であるような行為を「滅する」ことによって救いに至ることができるという。行為は否定を受けて蘇ることができる。このような行為の否定と蘇りのプロセスを説くのが仏教の根本である「空思想」なのだ。

西洋哲学では本質と現象、実体と属性の区別に苦しんできた。だが、仏教は実体と属性などの峻別を求めない。時間は恒常不変の実体ではない。涅槃も虚空も実体ではない。存在論も不要なのである。存在が時間であるとともに、行為でもある世界観、それを仏教の伝統は「諸法実相」と呼んできた。

著者略歴

立川 武蔵（たちかわ むさし）
一九四二年名古屋に生まれる。
名古屋大学教授、国立民族学博物館教授、愛知学院大学教授を経て、現在、国立民族学博物館名誉教授。八事山仏教文化研究所長。
著書に『仏教史』（1・2）、『空の思想史』『はじめてのインド哲学』『ヒンドゥー教の歴史』など。

花はほとけの身体である
——生命への意味付け——

発行日　二〇二四年三月三日
著者　立川 武蔵
装丁　河村 岳志
編集・本文組版　石川 泰子（編集工房ｉｓ）
印刷・発行　株式会社あるむ
〒四六〇―〇〇一二
名古屋市中区千代田三丁目一番一二号　第三記念橋ビル
電話　（〇五二）三三二―〇八六一
ＦＡＸ（〇五二）三三二―〇八六二

Printed in Japan
ISBN 978-4-86333-205-8